www.ingramcontent.com/pod-product-compliance
Lightning Source LLC
Chambersburg PA
CBHW070337190526
45169CB00005B/1931
* 9 7 8 1 5 3 5 1 2 7 9 4 3 *